网络文学著作权保护百问百答

浙江省作家协会

浙江六和律师事务所 编著

浙江文艺出版社

目录

度中的"适当引用"而不属于抄袭呢？

作品许可或转让合同吗？

前　言

当下所处的互联网时代对于网络文学作家而言是"最好的时代"，经济的发展、信息技术的腾飞以及人民精神需求的不断增长给中国网络文学提供了肥沃的生长土壤，使其一跃成为风口产业，为网络文学作家带来了新的机会，提供了广阔的发展平台。

但是，对网络文学作家而言，当下也是"最坏的时代"。互联网带来机遇的同时也带来了诸如版权运营公司"霸王合同"、互联网平台违法转载、抄袭和盗版层出不穷、违法代价过低等问题。

在这样的行业和环境背景下，网络文学作家如何运用法律武器保护自身作品合法权益成了亟待解决的难题。

鉴于此，浙江省作家协会和浙江六和律

师事务所特编写了这本《网络文学著作权保护百问百答手册》，希望通过本手册提高我省网络文学作家对《中华人民共和国著作权法》（以下简称《著作权法》）及相关法律法规的理解，提高其在文学创作和经营过程中预防侵权和维护自身合法权益的意识，以此促进我省网络文学的健康发展。

1. 什么是著作权?

著作权,是指作者对其创作的文学、艺术和科学作品依法享有的一系列专有权利,是著作权人依法享有的一种特殊民事权利,包括人身权和财产权。

2. "著作权"与"版权"有何区别?

《著作权法》第五十七条规定:"本法所称的著作权即版权。"因此,在我国法律体系和语境下,著作权和版权具有完全相同的含义,版权即为著作权。

3. 著作权产生于何时?

我国《著作权法实施条例》第六条规定:"著作权自作品创作完成之日起产生。"

著作权产生于"作品创作完成之日",此处的创作完成并非单指完整作品的全部完成,也可以指完成了部分作品。已完成的部分作品具备作品的属性,或者已经形成整体构思并将其表达出来,该部分作品也自动享有著作权。

4. 未经发表的作品是否也享有著作权?

《著作权法》第二条规定:"中国公民、法人或者其他组织的作品,不论是否发表,依照本法享有著作权。"因此,不论作品是否发表,只要创作完成即享有著作权。

【案例】 网络文学作家甲创作小说《武当七侠》共七章,尚未完稿,亦尚未发表,某小说网站乙与甲就小说出版发行事宜进行协商，但未达成一致。次日，甲发现小说网站乙出现小说《张三丰的七个徒弟》，内容与《武当七侠》高度一致。问题：小说网站乙是否侵犯了甲的著作权？

答：著作权不以发表为前提，著作权产生于作品创作完成之日，网站乙的作品与甲已完成的作品内容高度一致，涉嫌侵犯甲的著作权。

5.《著作权法》保护的作品有哪些?

《著作权法实施条例》第二条规定："著作权法所称作品，是指文学、艺术和科学领域内具有独创性并能以某种有形形式复制的智力成果。"

6.《著作权法》保护的作品具备哪些特征?

《著作权法》保护的作品具备以下特征：独创性和可复制性。

作品必须具有独创性，不能复制、抄袭他人作品，当然，独创性并不要求作品达到"前无古人"的程度，一般来说，只要作品是作者独立创作产生的，不是单纯模仿或"克隆"别人作品，即使与他人作品有某些雷同之处，也不影响其享有著作权。

作品必须具有可复制性，是指作品必须有能被他人所感知的外在表达，即要求作品能够以有形形式复制。

7. 思想是否受著作权法的保护？

《著作权法》只保护作品思想的表现形式，不保护作品思想本身，作品的表现形式是可以为人感知并能被复制的，而思想本身不为人感知，也不能被复制。

例如，"对自由的向往""对爱情的感悟""对亲情的眷恋"等思想可以通过文章、歌曲、电视、电影等方式进行表达，无论用文章、歌曲、电视、电影还是其他的表达方式表现的作品，都属于《著作权法》保护的作品，而"对自由的向往""对爱情的感悟""对亲情的眷恋"等思想本身并不受《著作权法》保护。

8. 时事新闻是《著作权法》的保护对象吗?

《著作权法》第五条规定："本法不适用于：（一）法律、法规，国家机关的决议、决定、命令和其他具有立法、行政、司法性质的文件，及其官方正式译文；（二）时事新闻；（三）历法、通用数表、通用表格和公式。"因此，时事新闻、国家机关的决议、决定、立法文件、公示等均不属于《著作权法》的保护对象。

9. 什么是"作品载体"?

作品必须依存于物质载体才能存在，该物质载体为《物权法》的调整对象，属于客观物质世界。例如图书、CD、网络服务器硬盘等，它们是物权的客体。

【案例】 作家甲花了几年时间创作出300万字的小说《重生之我是孙悟空》，储存于其硬盘上，并无其他副本。图书出版商乙在使用硬盘欣赏小说的过程中，不慎将硬盘损坏，甲几年辛苦毁于一旦。

问题（一）：甲能否向乙主张著作权侵权赔偿？答：不能，著作权的客体是"作品"，是以电脑硬盘为载体的一种"具有独创性的'表达'"，是一种"无形财产"，不会因为硬盘损坏而受到侵害，因此，乙损坏硬盘的行为不会构成对甲的著作权的侵害。

问题（二）：甲能否向乙主张物权侵权赔偿？答：可以，硬盘是一物（动产），系甲之所有权的客体，乙因过失损坏硬盘的行为侵犯了甲对硬盘的所有权，因此甲有权对乙主张物权侵权损害赔偿。

10. 违禁作品是否属于《著作权法》的保护对象？

2010年《著作权法》修改，将原第四条"依法禁止出版、传播的作品，不受本法保护"修改为"著作权人行使著作权，不得违反宪法和法律，不得损害公共利益。国家对作品的出版、传播依法进行监督管理"。

据此可知，对于违禁作品，国家可以采取措施禁止其出版、传播，但其仍受到一定程度的保护，若有人侵犯其著作权，著作权人有权请求加害人承担停止侵权、销毁侵权物品等责任。

【案例】 网络文学作家甲创作小说A作品连载于某小说网站乙，被公安机关认定为涉黄作品并责令下架。书迷丙将此前从网站下载的A作品复制2000份，并通过微信进行销售。问题：甲是否有权依据《著作权法》要求丙承担侵权责任？

答：国家可以采取措施禁止其出版、传

播，但其仍然属于著作权法的保护对象。甲有权要求丙承担停止侵权、销毁侵权物品的责任。

11. 著作权包含哪些内容?

著作权包含人身权和财产权。人身权基于作者创作而产生，是作者对其作品之人格与精神利益享有的独占权利，由作者终生享有，不可转让、剥夺和限制。财产权是著作权人发表、转让或者许可他人使用其创作的作品而产生的，能够带来经济利益的权利，可以依法转让。

《著作权法》第十条规定，人身权包括：发表权、署名权、修改权、保护作品完整权；财产权包括：复制权、发行权、出租权、展览权、表演权、放映权、广播权、信息网络传播权、摄制权、改编权、翻译权、汇编权、应当由著作权人享有的其他权利。

12. 什么是发表权？

发表权，即决定作品是否公之于众的权利。所谓"公之于众"，是指著作权人自行或者许可他人将作品向"不特定人"公开，使作品处于为不特定第三人可知的状态。发表权系一次性权利，作品一经发表，就不再享有发表权，这就是所谓的发表权"一次用尽"原则。

《著作权法实施条例》第十七条规定："作者生前未发表的作品，如果作者未明确表示不发表，作者死亡后50年内，其发表权可由继承人或者受遗赠人行使；没有继承人又无人受遗赠的，由作品原件的所有人行使。"

【案例】 作家甲撰写小说《武松传》，于2010年独家连载于某小说网站，后因读者仅数十人，且作品被读者批评为"垃圾小说"，甲一怒之下与小说网站解约，并将小说下架，同时嘱咐家人永世不得"发表"。

乙系《武松传》书迷，未经甲同意擅自从此前连载的网站复制《武松传》，并发布于其个人博客。问题：乙是否侵犯甲对《武松传》享有的发表权？

答：没有侵犯，因为《武松传》已由甲自行公之于众（连载在网站上）进行发表，发表权已行使。即使读者仅数十人，但该数十人已构成"不特定人"。

13. 什么是署名权？

署名权，即表明作者身份，在作品上署名的权利。署名权包括两个方面的权能。积极权能：作者有权决定是否在作品上署名，是真名还是假名，原作品的作者有权在演绎作品上署名等。消极权能：作者有权禁止未参加创作的人在作品上署名，使用他人作品的，应当指明作者姓名、作品名称。但当事人另有约定或者由于作品使用方式的特性无法指明的除外。

【案例】 作家刘乃创作小说《杭州风云》，为隐藏自己的真实身份，使用笔名"牛奶"，并将其交付某出版社出版发行。出版社编辑在核稿编辑过程中，认为作者有笔误，直接将"牛奶"改为"刘乃"并出版发行。问题：出版社是否侵犯刘乃的署名权？

答：侵犯，作者有权决定在作品上署真名还是假名，本案中，作者决定署名"牛奶"，而出版社擅自修改成"刘乃"，侵犯了作者的署名权。

14. 什么是修改权和保护作品完整权？

修改权，即修改或者授权他人修改作品的权利；保护作品完整权，即保护作品不受歪曲、篡改的权利。二者都涉及作品改动的著作人身权，在绝大多数情况下，侵犯其中一项的大多侵犯另一项。一般认为，侵害修改权的门槛较低，仅对作品的用语、文字等进行修改，就构成侵权；侵害保护作品完整权的门槛较高，要求达到歪曲、篡改的程度，涉及对作品主题、观点的改动。

【案例】 作家甲创作小说《常山赵子龙》，并授权乙出版社出版发行。乙出版社编辑为吸引眼球，未经甲同意，擅自添加文中主角与多名女子相恋的情节。问题：出版社是否侵犯甲的著作权？具体侵犯了什么权利？

答：出版社侵犯了甲的著作权，具体侵犯了甲的修改权和保护作品完整权。

15. 什么是复制权？

复制权，是指著作权人通过一定的方式使作品以某种有形形式再现出来的权利，即以印刷、复印、拓印、录音、录像、翻录、翻拍等方式将作品制作一份或者多份的权利。但并非任何再现作品的行为都是复制行为，像表演、播放、翻译等也是再现作品的行为，但并非复制。著作权法意义的复制，一般指将作品在有形物质载体上再现，且作品须相对稳定和持久地固定在物质载体上。

【案例】 歌曲创作家甲创作歌曲《春天》，家中保姆乙私自将甲演唱的歌曲刻录在光盘。问题：乙是否侵犯甲的复制权？

答：乙未经著作权人许可将歌曲刻录在光盘的行为构成侵权，侵犯了甲的复制权。

16. 什么是发行权？

发行权，即以出售或者赠与方式向公众提供作品的原件或者复制件的权利，其要件有三：（1）提供作品的对象是"公众"；（2）方式为销售或者赠与；（3）须有作品载体（原件或者复制件）所有权的转移。

与发表权类似，发行权也有"一次用尽"的问题，不同的是前者是针对作品本身，后者是针对作品载体。发行权一次用尽具体是指：经著作权人许可，向公众出售或者赠与作品的原件或者复制件后，该特定原件或者复制件上的发行权消失。换言之，就是著作权人无权控制该特定原件或复制件的再次销售或赠与。

【案例】作家甲创作小说《月夜枫》，授权出版社出版发行，新华书店从出版社购进该书 1000 套，书迷乙从新华书店购买 1 套读完后，本着物尽其用的原则，转售给丙。问题：乙是否侵犯甲的发行权？

答：不侵权，乙向丙出售的是正版图书，其发行权已经在出版社出售书给新华书店的过程中一次用尽。

17. 什么是展览权？

展览权，即公开陈列美术作品、摄影作品的原件或者复制件的权利。

【案例】作家甲创作小说《烈烈枫中》，授权出版社出版发行，新华书店从出版社购进该书 1000 套，书迷乙从新华书店购买 10 套，放置于某大学门口"公开展览"，以吸引读者与之交流。问题：乙是否侵犯甲的展览权？

答：不侵犯，因为展览权的客体为"美术作品、摄影作品的原件或者复制件"，小说没有展览权。

18. 什么是表演权？

表演权，即公开表演作品，以及用各种手段公开播送作品的表演的权利。表演包括活表演和机械表演，非公开的表演不受表演权限制。

【案例】 作家甲创作小说《恩赐解脱》，并上传于个人博客供网友自行阅读。书迷乙将小说下载后，在其咖啡厅公开举办了多场次的"朗读者"活动，声情并茂地朗读该小说。问题：乙是否侵犯了甲的表演权？

答：侵犯了甲的表演权。

【案例】 作家甲创作短篇小说《末日》，并上传于个人博客供网友自行阅读、下载，书迷乙酷爱该小说，每日在家中朗读十遍。问题：乙是否侵犯了甲的表演权？

答：不侵犯，乙在家中朗读小说不属于公开表演，不受表演权限制。

19. 什么是放映权？

放映权，即通过放映机、幻灯机等技术设备公开再现美术、摄影、电影和以类似摄制电影的方法创作的作品等的权利。放映权不仅限于对美术、摄影、电影和类似电影作品的放映，只要是能放映的作品，都属于放映权的客体。就放映权的行使方式来看，有两点值得注意：首先，放映要求公开再现，个人或家庭内部的放映不属于公开再现，故不涉及放映权。其次，放映并没有明确是否是有偿行为，故无论有偿还是无偿，擅自放映作品都会触及放映权。

20. 什么是信息网络传播权？

信息网络传播权，即以有线或者无线方式向公众提供作品，使公众可以在其个人选定的时间和地点获得作品的权利。主要特点为：使作品处于一种持续的、可获得的状态。在侵害信息网络传播权的情况下，作品的传播范围及下载、浏览的次数是判断侵权后果的关键因素。

【案例】 作家甲创作小说《马格纳斯的犄角》，乙旅馆将包括《马格纳斯的犄角》在内的 1000 部小说压缩后，上传到旅馆局域网的网盘上，供旅客下载阅读。问题：乙旅馆是否侵犯了甲的信息网络传播权？

答：侵犯。侵害信息网络传播权不仅指传播作品到互联网上的行为，只要使作品处于一种持续的、可获得的状态，就属于侵害信息网络传播权。

21. 什么是广播权?

广播权,即以无线方式公开广播或者传播作品,以有线传播或者转播的方式向公众传播广播的作品,以及通过扩音器或者其他传送符号、声音、图像的类似工具向公众传播广播的作品的权利。

【案例】 甲公司摄制电视剧《幻觉》,CCTV(中国中央电视台)经甲公司许可在CCTV8 频道播放《幻觉》,乙商场将 CCTV8 正在播放的《幻觉》驳接到商场待售电视机上供顾客观看。问题:乙商场是否侵犯了甲公司的广播权?

答: 乙商场的行为属于"以其他传送符号、声音、图像的类似工具向公众传播广播的作品"的行为,侵犯了甲公司的广播权。

22. 什么是摄制权?

摄制权,即以摄制电影或者类似摄制电影的方法将作品固定在载体上的权利。摄制权是一种重要的演绎作品的权利,通过实施摄制权获得的作品称为视听作品。

【案例】 作家甲创作小说《祈求者》,乙公司未经甲同意擅自将《祈求者》拍摄成微电影《祈求者》。问题:乙公司是否侵犯了甲的摄制权?

答:侵犯,乙公司未经著作权人甲的许可,以摄制电影和类似摄制电影的方法使用作品,侵犯了甲的摄制权。

23. 著作权有期限吗?

《著作权法》第二十条规定:"作者的署名权、修改权、保护作品完整权的保护期不受限制。"第二十一条规定:公民的作品,其发表权和著作财产权规定的权利的保护期为作者终生及其死亡后五十年，截止于作者死亡后第五十年的 12 月 31 日；如果是合作作品，截止于最后死亡的作者死亡后第五十年的 12 月 31 日。法人或者其他组织的作品、著作权（署名权除外）由法人或者其他组织享有的职务作品，其发表权和著作财产权规定的权利的保护期为五十年，截止于作品首次发表后第五十年的 12 月 31 日，但作品自创作完成后五十年内未发表的，不再受《著作权法》保护。电影作品和以类似摄制电影的方法创作的作品、摄影作品，其发表权和著作财产权规定的权利的保护期为五十年，截止于作品首次发表后第五十年的 12 月 31 日，但作品自创作完成后五十年内未发表的，不再受《著作权法》保护。

【案例】 作家甲创作小说《街坊邻居》，乙公司经甲授权将小说《街坊邻居》摄制成电影《街坊邻居》，乙公司将电影《街坊邻居》的全部著作财产权利转让给自然人丙。问题：小说《街坊邻居》和电影《街坊邻居》的著作权保护期限如何确定？

答：小说《街坊邻居》的著作权保护期为甲终生及其死亡后50年，电影《街坊邻居》的著作权保护期为电影《街坊邻居》首次发表后50年。

24. 保护期届满后的作品处于何种权利状态？

著作权保护期届满，作品即进入"公有领域"，任何人均可不经原著作权所有人许可而自由使用该作品，具体而言，就是任何人可以不经许可复制、改编、翻译、汇编、使用信息网络传播以及通过其他一切合法手段利用该作品。值得注意的是，对超过保护期的作品进行利用，仍然不得侵犯原作品的作者署名权、修改权和保护作品完整权。

25. 著作权可以继承吗?

公民死亡后,著作权中的财产权利在保护期内依照继承法的规定转移。合作作者之一死亡后,其对合作作品享有的著作权中的财产权利无人继承又无人受遗赠的,由其他合作作者享有。

另,我国《著作权法实施条例》第十五条规定:"作者死亡后,其著作权中的署名权、修改权和保护作品完整权由作者的继承人或者受遗赠人保护。著作权无人继承又无人受遗赠的,其署名权、修改权和保护作品完整权由著作权行政管理部门保护。"著作权人的继承人、受遗赠人有权利或义务保护作者的署名权、修改权、保护作品完整权三项人身权利在作者死后不受侵犯,其目的在于保护著作权中的人身权利在作者死后不受他人侵犯。但这是一项消极权能,故著作权人人身权不存在继承问题。

《著作权法实施条例》第十七条规定:

"作者生前未发表的作品，如果作者未明确表示不发表，作者死亡后 50 年内，其发表权可由继承人或者受遗赠人行使；没有继承人又无人受遗赠的，由作品原件的所有人行使。"

26. 作品的作者如何确定？

著作权自作品创作完成之日起自动享有，《著作权法》第十一条规定："著作权属于作者，本法另有规定的除外。创作作品的公民是作者。由法人或者其他组织主持，代表法人或者其他组织意志创作，并由法人或者其他组织承担责任的作品，法人或者其他组织视为作者。如无相反证明，在作品上署名的公民、法人或者其他组织为作者。"

27. 演绎（改编、翻译、注释、整理）作品的著作权如何确定？

《著作权法》第十二条规定："改编、

翻译、注释、整理已有作品而产生的作品，其著作权由改编、翻译、注释、整理人享有，但行使著作权时不得侵犯原作品的著作权。"例如，将网络小说改编成剧本，将剧本摄制成电影，将文章整理成文集，将文章翻译成另一种语言，这类对已有作品进行"再创作"，在已有作品的基础上经过创造性劳动而派生出来的作品，就是演绎作品。

演绎作品的著作权由演绎作品的作者享有，演绎作品的作者则是指进行"再创作"的人。但是，离开原作品，演绎作品无从产生，故演绎作品的作者必须事先取得原作品著作权人同意，并支付报酬。否则，即侵犯了原作品著作权人的著作权。同时，演绎作品必须标明作品来源和作者的名称。如果第三人还需要使用演绎作品（已经经过"再创作"的作品），则必须得到原作品作者和演绎作品作者的双重许可。

【案例】 作家甲于 2018 年创作小说

《重生之我是孙悟空》，编剧乙经甲同意并支付报酬，将小说改编成同名电影剧本，电影公司丙经乙同意并支付报酬将剧本摄制成同名电影并复制发行。问题：电影公司是否侵犯了作家甲的著作权？

答：使用下游作品时，须经下游作品和上游作品著作权人的双重（多重）许可并支付报酬。本案中，电影公司丙摄制电影使用的剧本由甲的小说演绎而来，但未经甲同意，因此侵犯了甲的著作权。

28. 什么是合作作品？

《著作权法》第十三条规定："两人以上合作创作的作品，著作权由合作作者共同享有。没有参加创作的人，不能成为合作作者。"由此可见，合作作品应同时满足三个要素：一是参与创作的主体是两人以上（包括两人在内）。这里的"人"包括自然人、法人和其他组织等。二是主体之间具有共同参与和完成作品的合意。合意的形式可以是书面的，也可以是口头的；可以是明示的，也可以是默示的。如果没有共同创作的动机和愿望，仅基于单方意愿将他人的创作加入其中而未征得他人同意的，不能将该作品视为合作作品。三是主体必须对作品具有实质创作行为，即对作品的完成做出了直接的、实质性的贡献，而不论创作性成果的大小。

【案例】 A 希望研发一个分析染色体的软件，于是经朋友介绍找到 B 学校进行合作，双方因朋友推荐的原因未签署协议。随后，A 为 B 学校提供了分析软件的基本素材，B 学校负责具体的研发工作。但是，待 B 学校研发成功后，A 认为是自己委托 B 学校开发软件的，故权属应当归属于 A，双方就软件权属发生了争议。问题：软件著作权归属于谁？A 和 B 学校是合作作者吗？

答：因创作过程由 B 学校负责，A 仅提供了基本素材，故该软件不属于合作作品。

著作权人应为具体研发软件者，即 B 学校享有该软件的著作权。

29. 合作作品的著作权如何确定?

根据《著作权法》及《著作权法实施条例》的规定，合作作品的著作权行使规则如下：（1）合作作品可以分割使用的，作者对各自创作的部分可以单独享有著作权，但行使著作权时不得侵犯合作作品整体的著作权。（2）合作作品不可以分割使用的，其著作权由各合作作者共同享有，通过协商一致行使；不能协商一致，又无正当理由的，任何一方不得阻止他方行使除转让以外的其他权利，但是所得收益应当合理分配给所有合作作者。因此，合作作者在行使权利时，必须先与其他合作作者进行协商，在合作作者不能形成一致意见的情形下，再考虑反对行使权利的理由是否正当和恰当。但是，不论协商的结果如何，都必须进行协商。如果合作作者经过协商而不能达成一致意见，则在特定情形下可以免除合作作者使用行为的侵权责任。

30. 汇编作品属于《著作权法》保护的客体吗？

《著作权法》第十四条规定："汇编若干作品、作品的片段或者不构成作品的数据或者其他材料，对其内容的选择或者编排体现独创性的作品，为汇编作品，其著作权由汇编人享有，但行使著作权时，不得侵犯原作品的著作权。"

由此可见，汇编作品属于《著作权法》保护的客体，但汇编作品不是简单地将作品、作品片段、数据、材料进行拼凑，汇编作品要求汇编人在内容选择、安排上付出创造性劳动，内容选择、安排上需体现独创性，否则不构成《著作权法》意义上的汇编作品。汇编作品的著作权行使规则与演绎作品基本一致。

【案例】 武侠小说迷甲，将其读过的数百本武侠小说中的打斗片段截取进行拼凑（经过小说作者许可），汇编成一本《百部武侠·打斗场面精粹》并发表在某小说论坛上。问题：《百部武侠·打斗场面精粹》是不是《著作权法》保护的客体？

答：是，《百部武侠·打斗场面精粹》是一部汇编作品，汇编作品是《著作权法》保护的客体。

31. 委托作品的著作权如何确定？

《著作权法》第十七条规定："受委托创作的作品，著作权的归属由委托人和受托人通过合同约定。合同未作明确约定或者没有订立合同的，著作权属于受托人。"另，《最高人民法院关于审理著作权民事纠纷案件适用法律若干问题的解释》第十二条规定："按照著作权法第十七条规定委托作品著作权属于受托人的情形，委托人在约定的使用范围内享有使用作品的权利；双方没有约定使用作品范围的，委托人可以在委托创作的特定目的范围内免费使用该作品。"

特殊的委托作品指：（1）当事人合意以特定人物经历为题材完成的自传体作品（以第一人称叙述的个人传记），当事人对著作权权属有约定的，依其约定；没有约定的，著作权归该特定人物享有，执笔人或整理人对作品完成付出劳动的，著作权人可以向其支付适当的报酬。（2）由他人执笔，本人审阅定稿并以本人名义发表的报告、讲话等作品：构成单位作品的，由所在单位享有著作权；不构成单位作品的，著作权归报告人或讲话人，执笔人可获得适当的报酬。

【案例】 （1）A委托B写一部描述A的自传体作品，双方未约定著作权归属；（2）A委托B写一部历史小说，双方未约定著作权归属。问题：以上两种情况，著作权分别归属于谁？

答：第一种情况，著作权归属于 A；第二种情况，著作权归属于 B，委托人 A 可以在委托创作的特定目的范围内免费使用。

32. 职务作品的著作权如何确定？

根据《著作权法》第十六条的规定，公民为完成法人或者其他组织工作任务所创作的作品是职务作品（所谓"工作任务"是指公民在该法人或该组织中应当履行的职务）。

首先，一般职务作品的著作权由作者享有，但法人或者其他组织有权在其业务范围内优先使用。作品完成两年内，未经单位同意，作者不得许可第三人以与单位使用的相同方式使用该作品。

其次，特殊职务作品的著作权由单位享有。即，有下列情形之一的职务作品，作者享有署名权，著作权的其他权利由法人或者其他组织享有，法人或者其他组织可以给予作者奖励：（一）主要是利用法人或者其他组织的物质技术条件创作，并由法人或者其他组织承担责任的工程设计图、产品设计图、地图、计算机软件等职务作品；（二）法律、行政法规规定或者合同约定著作权由法人或者其他组织享有的职务作品。

【案例】 A系B学校教师，按照学校规章制度，A教师需每学期按时编写、提交教案，A、B间没有关于教案著作权归属的约定。问题：教案著作权归属于谁？

答： 教案属于职务作品，著作权属于作者即教师A享有，学校在两年内有权在其业务范围内优先使用。

33. 著作权有限制吗？

著作权是专有权利，但并不是无限权利，法律规定著作权人对某部作品享有充分权利的同时，也规定了其在作品的利用方面对社会必须履行一定的义务。我国《著作权法》规定了两项制度对著作权进行限制，一是合理使用制度，二是法定许可制度。此外，由于我国还加入了《伯尔尼公约》和《世界版权公约》，因此，著作权还受公约规定的强制许可制度的限制。

34. 什么是合理使用制度?

合理使用制度，是指在特定条件下，法律允许他人自由使用享有著作权的作品而不必征得著作权人的同意，也不必向著作权人支付报酬的制度。《著作权法实施条例》第二十一条规定："依照著作权法有关规定，使用可以不经著作权人许可的已经发表的作品的，不得影响该作品的正常使用，也不得不合理地损害著作权人的合法利益。"据此，合理使用应当具备以下几个构成要件：（1）必须是已经发表的作品；（2）必须指明作者姓名、作品名称；（3）仅限于法律列举的特殊情形，且不能影响权利人对于作品的正常使用、没有不合理地损害权利人的合法权益。

《著作权法》第二十二条集中规定了合理使用制度的适用情形，具体如下：（一）为个人学习、研究或者欣赏，使用他人已经发表的作品；（二）为介绍、评论某一作品或者说明某一问题，在作品中适当引用他人已经发表的作品；（三）为报道时事新闻，在报纸、期刊、广播电台、电视台等媒体中不可避免地再现或者引用已经发表的作品；（四）报纸、期刊、广播电台、电视台等媒体刊登或者播放其他报纸、期刊、广播电台、电视台等媒体已经发表的关于政治、经济、宗教问题的时事性文章，但作者声明不许刊登、播放的除外；（五）报纸、期刊、广播电台、电视台等媒体刊登或者播放在公众集会上发表的讲话，但作者声明不许刊登、播放的除外；（六）为学校课堂教学或者科学研究，翻译或者少量复制已经发表的作品，供教学或者科研人员使用，但不得出版发行；（七）国家机关为执行公务在合理范围内使用已经发表的作品；（八）图书馆、档案馆、纪念馆、博物馆、美术馆等为陈列或者保存版本的需要，复制本馆收藏的作品；（九）免费表演已经发表的作品，该表演未向公众收取费用，也未向表演者支付报酬；（十）对设置或者陈列在室外公共场所的艺术作品进行临摹、绘画、摄影、录像；（十一）将中国公民、法人或者其他组织已经发表的以汉语言文字创作的作品翻译成少数民族语言文字作品在国内出版发行；（十二）将已经发表的作品改成盲文出版。

前款规定适用于对出版者、表演者、录音录像制作者、广播电台、电视台的权利的限制。

35. 什么是法定许可制度？

法定许可制度，是指在某种特定情况

下，法律允许他人可不经著作权人同意使用已发表的作品，但应向著作权人支付报酬，说明作者姓名、作品名称和出处，并不得侵犯著作权人依照《著作权法》享有的其他权利的制度。

根据《著作权法》第二十三条、第三十三条、第四十条、第四十三和第四十四条的规定，法定许可包括以下情况：

（1）编写教科书的法定许可：为实施九年制义务教育和国家教育规划而编写出版教科书，除作者事先声明不许使用的外，可以不经著作权人许可，在教科书中汇编已经发表的作品片段或者短小的文字作品、音乐作品或者单幅的美术作品、摄影作品，但应当按照规定支付报酬，指明作者姓名、作品名称，并且不得侵犯著作权人依照《著作权法》享有的其他权利。

（2）报刊转载的法定许可：作品在报刊刊登后，除著作权人声明不得转载、摘编的外，其他报刊可以转载或者作为文摘、资料刊登，但应当按照规定向著作权人支付报酬。

（3）制作录音制品的法定许可：录音制作者使用他人已经合法录制为录音制品的音乐作品制作录音制品，可以不经著作权人许可，但应当按照规定支付报酬；著作权人声明不许使用的不得使用。

（4）播放作品的法定许可：广播电台、电视台播放他人已发表的作品，但不包括电视台播放电影作品和以类似摄制电影的方法创作的作品，可以不经著作权人许可，但应当支付报酬。

（5）播放录音制品中作品的法定许可：广播电台、电视台播放已经出版的录音制品，可以不经著作权人许可，但应当支付报酬。当事人另有约定的除外。（注意，仅限于录音制品，如果是录像制品，如电影、电视剧是不适用法定许可的，这大大缩小了电视台的法定许可的范围。）

36. 我国现行的稿酬制度如何？

稿酬是指作品发表后交付给作者的稿费，它是出版者为发表作品而给付作者的对价（报酬）。2014 年 11 月 1 日施行的《使用文字作品支付报酬办法》规定："使用文字作品支付报酬由当事人约定；当事人没有约定或者约定不明的，适用本办法。"也就是稿酬由当事人约定优先，未约定的适用《使用文字作品支付报酬办法》的规定，一般采用以下三种方式：

第一种：一次性稿酬。是指使用者根据作品的质量、篇幅、作者的知名度、影响力以及使用方式、使用范围和授权期限等因素，一次性向著作权人支付的报酬。报刊刊载作品只适用一次性付酬方式。

第二种：基本稿酬加印数稿酬。基本稿酬的标准和计算方法：原创作品的基本稿酬按每千字 80—300 元计算，注释部分参照该标准执行；改编作品的基本稿酬按每千字

20—100 元计算；汇编作品的基本稿酬按每千字 10—20 元计算；翻译作品的基本稿酬按每千字 50—200 元计算；支付基本稿酬以千字为单位，不足千字部分按千字计算。印数稿酬的支付方法：每印一千册，按基本稿酬的 1% 支付；不足一千册的，按一千册计算；作品重印时只支付印数稿酬，不再支付基本稿酬。

采用基本稿酬加印数稿酬的付酬方式的，著作权人可以与使用者在合同中约定，在交付作品时由使用者支付基本稿酬的 30%—50%。除非合同另有约定，作品一经使用，使用者应当在 6 个月内付清全部报酬。作品重印的，应在重印后 6 个月内付清印数稿酬。

第三种：版税制。版税制稿酬的计算方法是：图书定价×实际销售数或印数×版税率。版税率和支付方式由双方当事人约定，原创作品的版税率一般为 3%—10%，演绎作品的版税率一般为 1%—7%。

37. 网络作家获得的稿酬如何纳税?

根据 2018 年 10 月 1 日最新修订的《个人所得税法》第二条、第三条的规定,稿酬所得属于综合所得,居民个人的综合所得应当按纳税年度合并计算个人所得税,适用 3%—45% 的超额累进税率（具体见《个人所得税法》所附税率表）。

另,《个人所得税法》第六条"应纳税所得额的计算"第一项规定:"居民个人的综合所得,以每一纳税年度的收入额减除费用六万元以及专项扣除、专项附加扣除和依法确定的其他扣除后的余额,为应纳税所得额。"

38. 什么是"避风港"原则?

"避风港"原则是指在发生著作权侵权

案件时，网络服务提供者只提供空间服务，并不制作网页内容的情况下，如果网络服务提供者被告知侵权，则有删除的义务，否则就被视为侵权。如果侵权内容既不在网络服务提供者的服务器上存储，又没有被告知哪些内容应该删除，则网络服务提供者不承担侵权责任。

《信息网络传播权保护条例》第二十条、第二十一条、第二十二条、第二十三条的规定为网络服务提供者设置了免责条件，即"避风港"原则。但网络服务提供者不能无条件进入"避风港"，当权利人向网络服务提供者发出有效通知后，网络服务提供者没有尽到断开链接或者立即删除侵权作品的义务的，则不能援引该原则进行免责。例如，《信息网络传播权保护条例》第二十三条规定："网络服务提供者为服务对象提供搜索或者链接服务，在接到权利人的通知书后，根据本条例规定断开与侵权的作品、表演、录音录像制品的链接的，不承担赔偿责任；但是，明知或者应知所链接的作品、表演、录音录像制品侵权的，应当承担共同侵权责任。"

39. 什么是"红旗"原则？

"红旗"原则是"避风港"原则的例外适用，"红旗"原则是指如果侵犯信息网络传播权的事实是显而易见的，就像是红旗一样飘扬，网络服务商就不能装作看不见，或以不知道侵权的理由来推脱责任，如果在这样的情况下，不进行删除、屏蔽、断开链接等必要措施的话，尽管权利人没有发出过通知，也应该认定网络服务商知道第三方侵权。

《信息网络传播权保护条例》的第二十三条规定："网络服务提供者为服务对象提供搜索或者链接服务，在接到权利人的通知书后，根据本条例规定断开与侵权的作品、表演、录音录像制品的链接的，不承担赔偿责任；但是，明知或者应知所链接的作品、表演、录音录像制品侵权的，应当承担共同侵权责任。"这项条款的前半句是"避风港"原则的体现，后半句则是"红旗"原则的体现。

40. 什么是剽窃、抄袭？

在我国著作权语境下，抄袭与剽窃系同一概念。《国家版权局版权管理司关于如何认定抄袭行为给青岛市版权局的答复》（权司〔1999〕第6号）对剽窃、抄袭进行了界定："著作权法所称抄袭、剽窃，是同一概念（为简略起见，以下统称抄袭），指将他人作品或者作品的片段窃为己有。抄袭侵权与其他侵权行为一样，需具备四个要件：第一，行为具有违法性；第二，有损害的客观事实存在；第三，和损害事实有因果关系；第四，行为人有过错。由于抄袭物需发表才产生侵权后果，即有损害的客观事实，所以通常在认定抄袭时都指经发表的抄袭物。因此，更准确的说法应是，抄袭指将他人作品或者作品的片段窃为己有发表。"

对抄袭的认定，并不以是使用他人作品的全部还是部分、是否得到外界的好评、是否构成抄袭物的主要或者实质部分为转移。凡构成上述要件的，均应认定属于抄袭。

41. 司法实践中，抄袭、剽窃的具体认定标准如何？

在我国司法实践中，认定抄袭、剽窃的具体标准有以下四点：（1）被剽窃的作品发表于剽窃的作品之前；（2）被剽窃的作品受《著作权法》保护；（3）具备剽窃的客观条件，如：有接触被剽窃作品的可能；（4）作品特征对比（如：人物、主要情节、主体思想、桥段等）相同。

此外，根据我国法律及司法实践，认定

作品是否构成剽窃、抄袭，应由人民法院审理并作出判决。对于某些情节复杂的涉嫌剽窃、抄袭的案件，人民法院审理时可委托相关鉴定机构进行司法鉴定。

42. 在自己的作品中适当引用他人已发表的作品，是否算抄袭？

《著作权法》第二十二条规定："在下列情况下使用作品，可以不经著作权人许可，不向其支付报酬，但应当指明作者姓名、作品名称，并且不得侵犯著作权人依照本法享有的其他权利。"其中第二项为："为介绍、评论某一作品或者说明某一问题，在作品中适当引用他人已经发表的作品。"因此，在自己的作品中适当引用他人已发表的作品属于法定的"适当引用"。

43. 如何判断"引用"属于合理使用制度中的"适当引用"而不属于抄

袭呢？

"适当引用"，顾名思义所引用部分不能是他人作品的主要部分或者实质部分，被引用部分所起到的作用只能是辅助说明，如果已构成新作品的主要内容，那么就超越了适度范围，涉嫌抄袭。从被引用作品占整个作品的比例来看，被引用作品只是属于辅助、配角、从属的地位。

目前司法实践对于适当引用应当具备的条件一般采用如下标准：（1）引用目的仅限于介绍、评论某一作品或者说明某一问题；（2）所引用部分不能构成引用人作品的主要部分或者实质部分；（3）不得损害被引用作品著作权人的利益；（4）应当指明被引用作品作者姓名、作品名称。

【案例】 电影制片厂甲拥有动画片A中某角色形象美术作品的著作权，拥有动画片B中某角色形象美术作品的著作权。某制片公司乙制作的电影C宣传海报上使用了电影制片厂甲拥有著作权的角色形象美术作品，且有所变动。

法院审理后认为：制片公司乙为了说明某一问题，即涉案电影主角的年龄特征，适度引用涉案作品，被控侵权海报的使用也未对涉案作品的正常使用造成影响，认定制片公司乙在电影海报中对涉案作品的使用属于合理使用。一审法院据此判决驳回电影制片厂甲的诉讼请求。电影制片厂甲不服一审判决故提起二审，上海市知识产权法院经审理后维持一审判决。

44. 什么是"同人作品"？

"同人作品"并不是严格意义上的法律概念，其创作模式不同于传统创作，具体指继承原作品的背景、角色或部分情节等要素进行再创作而产生的作品。同人作品分为演绎类同人作品和非演绎类同人作品。演绎类的同人作品，其实就是一种对于原作品的改编行为。非演绎类的同人作品利用了原作品中的人物（包括名称、性格、部分人物关系等），并没有在原作品的基础上进行创作。

45. 同人作品是否会涉嫌侵犯原作品的著作权？

认定同人作品是否侵犯著作权的关键，在于同人作品是否利用了原作品的独创性表达。如果只是单纯使用原角色的名称和符号化的个性特征，以及简单化的人物关系（如父子关系、恋人关系）等，即属于非演绎类同人作品，该类同人作品通常不构成著作权侵权。但现实中，大多数同人作品以演绎类同人作品存在，即不仅会使用原有的角色名称，还会沿用该角色的性格特征、社会关系等元素，如果上述使用还伴随着原作品具体情节的展开，则可能导致新作品与原作品构成实质性相似，构成著作权侵权。

总而言之，同人作品是否构成侵犯著作

权，应当遵循著作权保护的原则，即《著作权法》保护的是"具有独创性的表达"，判断标准为是否具有接触和实质性相似，而是否构成实质性相似则要在注重故事情节相似性的前提下进行综合、整体的判断。

【案例】

2016年10月，作家甲以作家乙早年的作品小说A涉嫌著作权侵权和不正当竞争提起诉讼，要求作家乙及出版公司、出版社等立即停止侵犯原告著作权及不正当竞争的行为，停止复制、发行小说A，封存并销毁库存图书，并公开道歉，共同赔偿经济损失人民币500万元以及原告为维权所支出的合理费用人民币20万元。

法院认为：虽然小说A使用了原告四部作品中的大部分人物名称、部分人物的简单性格特征、简单人物关系以及部分抽象的故事情节，但上述人物的简单性格特征、简单人物关系以及部分抽象的故事情节属于小说类文字作品的惯常表达，小说 A 并没有将情节建立在原告作品的基础上，没有提及、重述或以其他方式利用原告作品的具体情节，而是在不同时代和空间背景下创作出不同于原告作品的校园青春文学小说，故不会导致读者产生相同或相似的欣赏体验，二者并不构成实质性相似。

因此，涉案作品是被告重新创作的文字作品，并非根据原告作品改编的作品，无须署上原告的名称，相关读者因故事情节、时空背景的设定不同，不会对原告作品中的人物形象产生意识上的混乱，涉案作品并未侵害原告享有的改编权、署名权和保护作品完整权。

【引申：但是被告的行为最终构成了不正当竞争行为。】

46. 同人作品不构成著作权侵权的情况下，是否还有其他救济途径？

作品及作品元素凝结了作者高度的智力劳动，一般情况下，原作品都具有较高的知名度和影响力，在读者群体中，这些元素与作品之间已经建立了稳定的联系，具备了特定的指代和识别功能，具有较高的市场商业价值。当作者作品元素不受著作权保护时，在整体上仍可能受我国《反不正当竞争法》保护。《反不正当竞争法》第二条规定："经营者在生产经营活动中，应当遵循自愿、平等、公平、诚信的原则，遵守法律和商业道德。"因此，同人作品的作者与原作品的作者当属具有竞争关系的经营者。同人作品的作者未经原作品的作者授权即创作该同人作品并进行商业开发的行为主观上具有相当程度的恶意，同时其未经允许使用原作品人物名称等元素具有"搭便车"的嫌疑。一般而言，原作品相较于同人作品都更有知名度，人们往往会因为看了原作品而去关注同人作品，同人作品可以因"搭便车"获得依附于原作品的价值而产生的额外价值，这种行为违法了《反不正当竞争法》第二条的经营者应遵守诚实信用原则和公认的商业道德。

因此，同人作品若不构成侵犯著作权，仍可能构成不正当竞争行为。

47. 除《著作权法》和《反不正当竞争法》外，作品创作过程中还受什么法律法规约束？

《出版管理条例》第二十五条规定："任何出版物不得含有下列内容：（一）反对宪法确定的基本原则的；（二）危害国家统一、主权和领土完整的；（三）泄露国家秘密、危害国家安全或者损害国家荣誉和利益的；（四）煽动民族仇恨、民族歧视，破坏民族团结，或者侵害民族风俗、习惯的；（五）宣扬邪教、迷信的；（六）扰乱社会秩序，破坏社会稳定的；（七）宣扬淫秽、赌博、暴力或者教唆犯罪的；（八）侮辱或者诽谤他人，侵害他人合法权益的；（九）危害社会公德或者民族优秀文化传统的；（十）有法律、行政法规和国家规定禁止的其他内容的。"虽然以上规定针对出版物（即已发表的作品），但作品创作出来最终就是为了出版，因此，在创作过程中也必须遵循上述规定。

此外，我国《治安管理处罚法》《刑法》《国家安全法》《网络安全法》对创作危害国家安全、煽动民族仇恨、淫秽色情等有害内容的作品也进行了约束，作家在创作过程中均应遵守上述法律法规，严守法律底线。

48. 是否要进行版权登记？

著作权自作品创作完成之日起产生，作品实行自愿登记。但是，在著作权侵权等案件中，大部分案件属于作品权属的认定案件，因此，在作品创作完成后及时进行的版权登记，可以作为确定作品创作时间、作品内容等的初步证据。

49. 如何进行版权登记？

根据《作品自愿登记试行办法》规定，作品登记机关是国家版权局和各省、自治区、直辖市版权局。著作权人可以按照《作品自愿登记试行办法》和各办理机构受理作品登记申请的要求，直接到办理机构（无办理机构的可到登记机关）申请作品登记。各作品登记机关出具的作品登记证书均为国家版权局统一监制，加盖由各登记机关单位名称和作品自愿登记专用章字样组成的印章，具有同等效力。

上述所称作品为除计算机软件以外的各类作品，计算机软件的著作权登记按《计算机软件著作权登记办法》执行，软件著作权的登记受理机关为中国版权保护中心，软件著作权登记证书的发证单位为中国国家版权局，申请人可委托当地知识产权代理机构办理软件著作权的登记工作。

50. 进行版权登记所需的资料?

根据《作品自愿登记试行办法》及中国版权保护中心的要求，申请作品著作权登记需要提交的材料：（1）《作品著作权登记申请表》；（2）申请人身份证明文件复印件：（3）权利归属证明文件；（4）作品的样本（可以提交纸介质或者电子介质作品样本）；（5）作品说明书（请从创作目的、创作过程、作品独创性三方面写，并附申请人签章，标明签章日期）；（6）委托他人代为申请时，代理人应提交申请人的授权书（代理委托书）及代理人身份证明文件复印件。

51. 版权登记收费标准?

《中国版权保护中心著作权自愿登记收

费标准（2018 年 10 月 26 日修订）》中列明了各类作品登记收费标准，如：文字作品收费标准为 100 字以下 100 元；101—5000字 150 元；5001—10000 字 200 元；1 万字以上 300 元；音乐作品收费标准为词曲 300元，曲 200 元；美术作品收费标准为 300元，系列作品登记第二件起每件 100 元；摄影作品收费标准为 300 元，系列作品登记第二件起每件 100 元；等。

52. 作者与互联网文学网站的合作方式有哪些？

合作方式可分为两种，即著作权转让和著作权许可使用。其中，大部分作者与互联网文学网站间存在的是著作权许可使用的合作方式，也就是，作品的著作权仍然归属于作者，互联网文学网站与作者通过协议方式获得许可使用该著作权，但是使用范围必须在许可范围之内。

53. 著作权许可的类型有哪些?

著作权许可的类型有普通许可、排他许可和独占许可三种类型:

(1)普通许可:指许可方许可被许可方在规定范围内使用作品,同时保留自己在该范围内使用作品以及许可其他人使用该作品的许可方式。

(2)排他许可:指许可方许可被许可方在规定范围内使用作品,同时保留自己在该范围内继续使用该作品的权利,但是不得另行许可其他人使用该作品的许可方式。

(3)独占许可:指许可方许可被许可方在约定范围内使用作品,同时在约定许可期内自己也无权行使相关权利,更不得另行许可其他人使用该作品的许可方式。

因此,可以看出普通许可的方式对于作者而言选择权和主动权更大。文学网站在与作者签署合同时一般会要求作者将作品独占许可给文学网站,一旦许可方式选择为独占，就意味着作者此后也不能使用该作品。故为了确保作者合法权益最大化，建议尽量优先选择普通许可，其次选择排他许可，将独占许可作为最后选择。

54. 如何选择合适的文学网站？

在与文学网站的合作过程中，作者往往处于较为被动的地位，故在合作前期建议尽量选择具有相应资质、信誉较好且正规的文学网站。作者可以在合作前期通过全国企业信用信息网查询该文学网站的主体情况，通过中国裁判文书网查询涉诉信息，并通过ICP备案查询网站查询备案情况，以确保文学网站具备相应资质。

55. 作者还未开始创作，可以直接签署作品许可或转让合同吗？

如果作者的创作还未开始，建议作者坚持签订委托创作合同，而不是直接签订作品许可使用或转让合同，因为《著作权法》规定的作品许可使用和转让指的是已经完成创作的作品。此外，《著作权法》第十七条规定："受委托创作的作品，著作权的归属由委托人和受托人通过合同约定。合同未作明确约定或者没有订立合同的，著作权属于受托人。"因此，作者在还未开始创作的情况下可以选择以委托创作的形式与文学网站进行合作，并约定著作权归属于作者。

56. 与文学网站签约方式有哪些？

常见的签约方式有分成、买断和保底分成三种方式。分成，是指由网站与作者双方按照约定的比例对后续订阅收入和版权收入进行分成；买断，是指版权使用费一次性支付的方式，也就是支付版权使用费后原作者不可参与作品其他收益的分配；保底分成，是指当作品实际订阅量或者实际销售超过约定的保底额度后，可按照约定以获得额外的分成。

三种签约方式各有优劣，作者可与网站协商和沟通，以确定最终的合作方式。

57. 签署合同的时候用真名还是笔名?

建议使用与身份证一致的真名签署相应的合同，并载明身份证或其他有效证件号，否则对于签署主体的界定将存在困难，从而影响到作者的相关权益。此外，建议在合同中同时明确作者的笔名。

58. 许可和转让的权利种类如何选择?

关于著作权许可条款，常见的表述为"作者将签约作品在全世界范围内的发表权、修改权、复制权、发行权、出租权、展览权、表演权、放映权、广播权、信息网络传播权、摄制权、改编权、翻译权、汇编权等权利及相应的转授权权利和维权权利（以下简称'著作权')独占许可给文学网站"。

该条款许可内容包括除著作人身权以外的全部著作权，并包含了转授权和维权的权利；此外，许可的范围为全世界范围内；最后，许可方式为独占许可。显然，签署上述条款意味着作者在许可期限内，不得行使作品的任何权利，且无权阻止文学网站的转授权。

其实，《著作权法》规定的大多数权项如复制、发行、改编、摄制等，都可以进行细分授权，故建议作者对协议涉及的权利进行细分授权，确保自己的合法权益最大化。

59. 什么是全版权运营?

全版权运营概念提出至今，并没有一个明确的法律定义。根据其目前的操作方式，可以归纳为将文字作品授权某个平台改编形成有声读物、动漫、游戏、影视等，并由该平台进行运营的合作方式。但实践中存在的困境比较多，如运营能力有限导致 IP 价值开发不足，多次授权和转授导致改编权争议多发，后续开发和运营过程中的分成及利益无法掌控，等等。

因此，不建议作者在对作品价值还没有深刻认识的情况下贸然签署全版权运营方式，建议对各项著作权进行细分授权。待作品较为稳定且适合衍生开发的情况下，再考虑逐个授权，对作品进行衍生开发。

60. 许可期限条款如何约定？

常见的许可期限条款表述为"签约作品的著作权授权期限自本协议生效之日起至《著作权法》规定的保护期满时终止"，建议作者考虑作品的后续运营并与文学网站沟通合理的授权期限。

61. 限制作者权利之一，如何理解文学网站限制作者与第三方平台合作的

条款？

　　部分文学网站提供的合同对于作者与第三方平台合作进行了限制。例如："作者不得在本平台以外的任何第三方平台发表作者（包括以作者真名和笔名或以他人名义）创作的其他各类作品。"对于这些条款，首先需要明确作者与文学网站平台签署的合同类型，如仅仅是普通许可，那么该种限制可以予以拒绝。此外，对于限制的作品，也仅限于合同中约定的作品，而不应扩大至作者的其他各类作品。

62. 限制作者权利之二，如何理解文学网站对许可作品的前传、后传等的限制？

　　部分文学网站提供的合同版本存在约定作者未来创作的授权作品的前传、后传、旁传等也属于授权作品的条款。例如："作者围绕许可作品大纲、线索、人物、情节而创作的前传、后传、旁传以及创作的与已完成作品人物、情节有关的后续作品等均属于本协议约定的签约作品。"对于类似的条款，许可作品应明确为已完成的作品，同样不建议扩大至后续的前传、后传、旁传等。

63. 限制作者权利之三，如何理解文学网站对作者维权权利的限制？

部分文学网站提供的合同版本中将著作权维权权利授予文学网站。例如："授权文学网站以自己的名义采取一切必要的法律手段（包括但不限于协商、和解、诉讼、仲裁、行政投诉等）进行维权并获取相应赔偿或补偿。"著作权维权的权利并不属于著作权的范畴，系在侵权行为发生时进行维权的一种权利，除非特别约定，著作权人应依据著作权进行维权。

64. 如何理解许可协议中约定文学网

站有权对作品进行编辑、修改和调整的条款？

为了配合国家有关部门、通信运营商等对内容的审查要求，文学网站一般在协议中约定其有权对作品进行修改。例如："作者同意文学网站可在一定范围内对授权作品内容和名称进行必要的编辑、修改、调整。"该条款具有一定的合理性，但是建议增设一个前提条件："文学网站在编辑、修改和调整前应征得作者的同意，且不得损害作品完整权。"

65. 电影改编权是否包含网络电影改编权？

作者许可作品的过程中往往会将电影改编权等其他权利一并授予，而表述方式往往为"约定将作品的电视剧、电影改编权及摄制权、发行权等权利全部转让给某公司，某公司有权将作品改编成电视剧或电影等，且享有根据作品改编后的电视剧、电影等作品的著作权等所有权益"。在网络电影出现以前，电影仅指院线电影，故对于该条款不会存在争议，但是随着网络电影的产生，以及影视行业对网络电影的定性存在分歧，故对于上述条款的理解也存在分歧，进而引发了一系列案件。

虽然网络电影与普通的电影（院线电影）存在不同的立项、备案、审批体系，在影视行业也始终不被认为是真正的电影，但是，根据《著作权法》的定义，网络大电影最终呈现的作品应当属于电影的范畴。故建议合同条款约定为"仅就作品改编、摄制成院线电影并传播的权利进行转让，保留网络电影等新类型电影的相关著作权"。

66. 作者是否有权解除许可协议？

部分文学网站在与作者签署许可协议时回避了解除的问题，但首先，许可协议是一份合同，应适用《合同法》关于解除的规定。根据《合同法》第九十三条和第九十四条的规定，存在合同约定解除和合同法定解除两种情形：

（1）合同约定解除：按照《合同法》的规定，双方协商一致的情况下可以解除合同。此外，如果合同中设定了解除合同的条件，解除合同的条件成就时，解除权人可以解除合同。

（2）合同法定解除：《合同法》规定了可以直接解除合同的几种情形，具体为：因不可抗力致使不能实现合同目的；在履行期限届满之前，当事人一方明确表示或者以自己的行为表明不履行主要债务；当事人一方迟延履行主要债务，经催告后在合理期限内仍未履行；当事人一方迟延履行债务或者有其他违约行为致使不能实现合同目的；法律规定的其他情形。

符合上述规定主张解除合同的，申请解

除一方应当通知对方，合同自通知到达对方时解除。除上述明确规定的解除权外，其他擅自解除的都将可能被追究违约解除的法律责任。

67. 如何确保文学网站顺利履行许可协议中对合作费用的约定？

常见的著作权许可协议约定的合作费用为分成收入，且一般约定在作品销售运作产生净收益（扣除渠道费用等）后支付。但是，作者对于文学网站的净收益很难掌握，因此在签署合同时，建议合同中增加条款要求文学网站在结算前提供作品收益对账单及财务数据，作者对此有异议的情况下文学网站应当配合作者登录后台核实作品收益情况。

68. 合同中对于免费章节的内容如何约定？

网络作品的发布一般会设置部分免费章

节吸引读者，因此，许可协议中往往会有条款约定文学网站有权确定免费章节。类似的条款可能损害到作者的权益，故建议在合同中明确约定免费章节数量，若无法在签署合同时明确，建议约定由双方另行协商确定。

69. 违约责任条款如何签署？

常见的许可协议对于违约责任条款约定较为笼统，一旦发生纠纷，很难直接适用。故建议作者在签署许可协议时着重关注作品许可范围、作品许可方式、收益支付等违约的情形。例如："文学网站违反了协议的约定或损害了作者或第三方的权利，作者有权单方面解除本协议，文学网站除应承担一切损失外，还应向作者支付违约金人民币××元。"对于逾期支付作品收益的，可约定逾期支付的每日应承担的违约金标准。

70. IP 作品许可文学网站改编的情形

下，若许可期限内未完成改编，如何设定有利于作者的条款？

IP 作品许可文学网站进行改编的情况下，可能会出现许可期限到期但 IP 作品未能顺利改编的情形。对于该种情况，建议增设类似如下的条款保障作者的权利。例如："在许可期限内，如未能完成改编的，许可期限届满，被许可方应立即停止改编、出版工作及其他一切与许可相关的行为，并不得再继续使用上述许可作品。相关许可作品所涉的全部资料（如有）应予以返还。被许可方违反本约定的，应向许可方支付违约金人民币××元。"

71. 除合同主文外，授权书如何填写？

除许可合同主文外，文学网站可能会要求作者再单独出具一份授权书，作者应当确认授权书的内容与许可合同内容一致，并特别注意许可方式、许可范围、许可期限等内容。

72. 如何认定对照文字作品朗读形成的有声读物与原文字作品的关系？

对于文字作品而言，文字表述是其作品的表达所在，改编文字作品应以文字内容发生改变为前提。有声读物一般对原文字作品进行朗读、录音和后期制作而形成，但是三个步骤中并没有改变文字作品的表达或内容，被改变的仅仅是形式或载体。因此，对文字作品没有改变的前提下形成的有声读物属于对原文字作品的复制，而非演绎。

现实中，此类有声读物会在后期制作中添加音效和音乐，但是，只要朗读的环节没有改变原文字作品的表达，就不能称之为演绎作品。如果这种音乐制作本身具备独创性，在这个前提下，其制作可以构成独立于文字作品的音乐作品。

因此，目前绝大部分观点认为，严格对

照文字作品原文朗读形成的有声读物，无论其是否添加了背景音乐、音效，只要没有改变文字作品的独创性表达，就不构成改编作品。有声读物作为一种录音制品，是文字作品的复制件。

73. 常见的著作权侵权行为有哪些?

常见的著作权侵权行为主要有以下几类：（一）剽窃他人作品；（二）未经著作权人许可，以改编、翻译、展览、摄制电影等方式使用作品的；（三）未经合作作者许可，将与他人合作创作的作品当作自己单独创作的作品发表的；（四）未经著作权人许可发表、复制、发行其作品的；（五）没有参加创作，在他人作品上署名的；（六）使用他人作品应当支付报酬而没有支付的；（七）超过授权许可范围使用作品的；（八）歪曲、篡改他人作品的；等等。

【案例】 2006 年 5 月，北京市高级人民法院就作家甲与作家乙侵犯著作权纠纷案作出终审判决，维持北京市第一中级人民法院的一审判决，认为涉案两部作品的主要情节和主要人物、语句存在众多雷同之处，认定作家乙所著案涉小说 A 对作家甲的案涉小说 B 整体上构成抄袭，判决作家乙、出版社等赔偿作家甲经济损失 20 万元，出版社停止小说 A 的出版、销售行为。

74. 著作权争议解决方式有哪些?

《著作权法》第五十五条规定："著作权纠纷可以调解，也可以根据当事人达成的书面仲裁协议或者著作权合同中的仲裁条款，向仲裁机构申请仲裁。当事人没有书面仲裁协议，也没有在著作权合同中订立仲裁条款的，可以直接向人民法院起诉。"

作者一旦发现存在侵犯著作权的情形，可以采取以下几种措施：当事人之间自行协商解决；邀请中立的第三方进行调解；向著作权行政管理部门国家版权局或者公安行政管理部门申请行政投诉；依据当事人之间的仲裁条款向仲裁委申请仲裁解决；向有管辖权的法院申请诉讼解决。

75. 如何起草函件要求侵权人停止侵权？

通知函主要由三块内容组成，首先是权利人的姓名、联系方式和地址，其次是对方侵权的内容，最后是要求对方停止侵权行为的申明。在起草通知函时应谨慎行文，避免提及自身存在的问题，以免后续被对方作为证据使用，并建议使用邮政 EMS 方式寄送。

76. 著作权侵权案件如何搜集证据？

著作权侵权案件的证据主要由以下几方面组成：证明争议的著作权存在且合法有效（提供作家曾经发表了诉争作品的证据）；原告是争议著作权的合法著作权人（网络作

家一般使用笔名发表作品，所以需要作家提供注册用户时所填写的材料）；被告侵权行为存在和实施侵权行为的具体方式的证据；被告通过侵权获利或者原告因侵权造成损失的证据等。

著作权侵权案件的证据一般应以公证的形式予以固定，目前杭州市互联网法院对于采用区块链技术存证的电子数据的法律效力也予以确认。

77. 什么是司法区块链？

司法区块链，让电子数据的生成、存储、传播和使用的全流程可信。该区块链由三层结构组成：一是区块链程序，用户可以直接通过程序将操作行为的全流程记录于区块链，比如在线提交的电子合同、维权过程、服务流程明细等电子证据；二是区块链的全链路能力层，它主要是提供实名认证、电子签名、时间戳、数据存证及区块链全流程的可信服务；三是司法联盟层，是使用区块链技术将公证处、CA（数字证书认证）/ RA（数字证书注册审批）机构、司法鉴定中心以及法院连接在一起的联盟链，每个单位成为链上的节点。

78. 杭州市互联网法院司法区块链对网络作家维权有什么积极作用？

杭州市互联网法院司法区块链致力于解决电子证据取证、存证难题。中国网络作家村完成上链后，原创作家可以通过司法区块链平台，利用技术手段为原创作品办一张"原始电子身份证"，该证永久有效，无法篡改。杭州市互联网法院司法区块链让原创作家们可以足不出户，一键维权，不仅激发了他们的维权热情，也可以持续净化和维护版权生态，对优化网络文学的发展环境，保障中国网络作家村成为中国网络文学事业和网络文学产业发展的核心区和示范区有十分重要的意义。

79. 著作权人发现互联网传播的内容侵犯其著作权后，应当如何向网络服务提供者主张权利？

我国《侵权责任法》第三十六条规定："网络用户、网络服务提供者利用网络侵害他人民事权益的，应当承担侵权责任。网络用户利用网络服务实施侵权行为的，被侵权人有权通知网络服务提供者采取删除、屏蔽、断开链接等必要措施。"据此，著作权人可以向网络服务提供者发送请求采取删除、屏蔽、断开链接等必要措施的通知。

80. 著作权人向网络服务提供者发送的通知应当包含哪些内容？

国家版权局和信息产业部于 2005 年发布的《互联网著作权行政保护办法》第八条规定："著作权人的通知应当包含以下内

容：（一）涉嫌侵权内容所侵犯的著作权权属证明；（二）明确的身份证明、住址、联系方式；（三）涉嫌侵权内容在信息网络上的位置；（四）侵犯著作权的相关证据；（五）通知内容的真实性声明。"

81. 网络服务提供者接到通知后不予理睬可能承担什么民事责任？

我国《侵权责任法》第三十六条规定："网络服务提供者接到通知后未及时采取必要措施的，对损害的扩大部分与该网络用户承担连带责任。网络服务提供者知道网络用户利用其网络服务侵害他人民事权益，未采取必要措施的，与该网络用户承担连带责任。"

82. 网络服务提供者接到通知后不予理睬可能承担什么行政责任？

《互联网著作权行政保护办法》第十一

条规定："互联网信息服务提供者明知互联网内容提供者通过互联网实施侵犯他人著作权的行为，或者虽不明知，但接到著作权人通知后未采取措施移除相关内容，同时损害社会公共利益的，著作权行政管理部门可以根据《中华人民共和国著作权法》第四十七条的规定责令停止侵权行为，并给予下列行政处罚：（一）没收违法所得；（二）处以非法经营额 3 倍以下的罚款；非法经营额难以计算的，可以处 10 万元以下的罚款。"

83. 如果著作权不存在侵权，但被互联网信息服务提供者采取了移除的措施，如何处理？

《互联网著作权行政保护办法》第七条规定："互联网信息服务提供者根据著作权人的通知移除相关内容的，互联网内容提供者可以向互联网信息服务提供者和著作权人一并发出说明被移除内容不侵犯著作权的反通知。反通知发出后，互联网信息服务提供者即可恢复被移除的内容，且对该恢复行为不承担行政法律责任。"因此，如果被提出侵犯著作权的一方认为自己的作品不构成侵权，可以向互联网信息服务提供者及提出著作权侵权的一方发出反通知。

84. 著作权侵权案件的救济途径有哪些？

著作权侵权案件存在三种救济途径：民事、行政及刑事。民事救济途径耗时耗费相对较大，刑事救济途径的前提是要先达到刑事立案标准。如果权利人的主要目的不在于民事赔偿，而在于尽快制止侵权行为，且侵权行为某种程度上已经危害到社会公共利益，行政救济无疑为一种合适的选择。

85. 著作权侵权案件的行政救济途径有哪些？

根据我国《著作权法》第四十八条的规定，存在该条列举之侵权行为，且同时损害公共利益的，可以由著作权行政管理部门责令停止侵权行为，没收违法所得，没收、销毁侵权复制品，并可处以罚款；情节严重的，著作权行政管理部门还可以没收主要用于制作侵权复制品的材料、工具、设备等。

另，《著作权法实施条例》第三十六条规定："有著作权法第四十八条所列侵权行为，同时损害社会公共利益，非法经营额5万元以上的，著作权行政管理部门可处非法经营额1倍以上5倍以下的罚款；没有非法经营额或者非法经营额5万元以下的，著作权行政管理部门根据情节轻重，可处25万元以下的罚款。"

86. 什么是著作权的行政投诉？

为指导著作权人和与著作权有关的权利人就侵权行为向有关行政机关投诉，国家版权局于 2006 年公布《著作权行政投诉指南》，该《指南》指导著作权人及与著作权有关的权利人（以下简称"权利人"）就侵权行为向行政机关进行投诉，以更好地保护权利人的权益。

87. 受理行政投诉的行政机关有哪些?

《著作权行政投诉指南》规定："受理著作权行政投诉的机关为各级著作权行政管理部门。权利人发现侵权行为后，可以根据情况向侵权行为实施地、侵权结果发生地（包括侵权复制品储藏地、依法查封扣押地、侵权网站服务器所在地、侵权网站主办人住所地或者主要经营场所地）的著作权行政管理部门投诉。在某些情况下，著作权行政管理部门可以依法将投诉移交另一著作权行政管理部门处理。"

88. 哪些人可以成为投诉人?

《著作权行政投诉指南》规定: "投诉人应当是根据《中华人民共和国著作权法》享有著作权或者与著作权有关的权利的中国公民、法人或者其他组织, 或者外国人、无国籍人, 或者是依法享有专有使用权的使用者, 或者是利害关系人。知情人可以就侵权行为向著作权行政管理部门进行举报。"

89. 投诉范围包括哪些?

《著作权行政投诉指南》规定: "投诉涉及的侵权行为应当是《中华人民共和国著作权法》第四十七条或者《计算机软件保护条例》第二十四条列举的、同时损害公共利益的侵权行为。权利人即使不知道侵权行为是否损害公共利益, 也可以向著作权行政管理部门投诉, 由著作权行政管理部门进行审查判断。"

90. 投诉材料包括哪些？

《著作权行政投诉指南》规定："投诉人向著作权行政管理部门投诉时，应当提交下列材料：（一）调查申请书，其中应当写明投诉人、被投诉人的姓名（或者名称）和地址，投诉日期，申请调查所根据的主要事实和理由；（二）投诉人的身份证明（如果投诉人委托代理人进行投诉，应当同时提交委托书和代理人的身份证明）；（三）权利归属的初步证据，如作品原稿，由投诉人署名发表的作品，作品登记证书，取得权利的合同，或者认证机构出具的证明等；（四）侵权证据，包括侵权复制品，涉及侵权行为的账目、合同和加工、制作单据，证明侵权行为的公证书，有关照片等。投诉材料可以直接向著作权行政管理部门提交，也可以通过邮寄方式提交。投诉人提交的投诉材料如果文字部分是外文，应当附带相应的中译文。"

91. 投诉处理结果有哪些?

《著作权行政投诉指南》规定,投诉人的投诉成立的,侵权人可能面临的行政处罚包括:(一)责令停止侵权行为;(二)没收违法所得;(三)没收或者销毁侵权复制品;(四)罚款;(五)情节严重的,没收主要用于制作侵权复制品的材料、工具、设备等;(六)给予法律、法规规定的其他行政处罚。

92. 著作权侵权案件的诉讼请求如何提?

根据《著作权法》第四十七条的规定,发生著作权侵权案件,权利人可以根据具体情况,要求对方停止侵害、消除影响、赔礼道歉、赔偿损失等。

93. 著作权侵权案件的诉讼时效是多长时间?

《民法总则》第一百八十八条规定："向人民法院请求保护民事权利的诉讼时效期间为三年。"故侵犯著作权的诉讼时效为三年，自著作权人知道或者应当知道侵权行为之日起计算。权利人超过三年起诉的，如果侵权行为在起诉时仍在持续，在该著作权保护期内，人民法院应当判决被告停止侵权行为。

94. 如何确定著作权纠纷案件的管辖?

《最高人民法院关于审理著作权民事纠纷案件适用法律若干问题的解释》第二条规定："著作权民事纠纷案件，由中级以上人民法院管辖。各高级人民法院根据本辖区的实际情况，可以确定若干基层人民法院管辖第一审著作权民事纠纷案件。"

著作权合同纠纷案件一般由被告住所地人民法院管辖，被告住所地与经常居住地不一致的，由经常居住地人民法院管辖。合同的双方当事人可以在书面合同中协议选择被告住所地、合同履行地、合同签订地、原告住所地、标的物所在地人民法院管辖。

著作权侵权案件的地域管辖：《最高人民法院关于审理著作权民事纠纷案件适用法律若干问题的解释》第四条规定："因侵犯著作权行为提起的民事诉讼，由著作权法第四十六条、第四十七条所规定侵权行为的实施地、侵权复制品储藏地或者查封扣押地、被告住所地人民法院管辖。前款规定的侵权复制品储藏地，是指大量或者经营性储存、隐匿侵权复制品所在地；查封扣押地，是指海关、版权、工商等行政机关依法查封、扣押侵权复制品所在地。"对于网络著作权侵权案件，除可在被告住所地人民法院起诉，还可以在实施侵权行为的网络服务器、计算机终端等设备所在地法院起诉，对难以确定侵权行为地和被告住所地的，原告发现侵权内容的计算机终端等设备所在地可视为侵权行为地。

（引申：杭州市互联网法院集中管辖杭州市辖区内基层人民法院有管辖权的互联网著作权权属、侵权纠纷。）

95. 著作权纠纷案件诉讼费如何收取?

根据《人民法院诉讼费收费标准》的规定，知识产权民事案件争议标的不涉及财产的，每件500元至1000元，争议标的涉及财产的，按财产案件收费标准交纳。财产案件收费标准如下表：

财产案件收费（根据诉讼请求的金额或者价额，按照右侧按比例分段累计交纳）	不超过1万元的部分	每件交纳50元
	1万元至10万元的部分	按照2.5%交纳
	10万元至20万元的部分	按照2%交纳
	20万元至50万元的部分	按照1.5%交纳
	50万元至100万元的部分	按照1%交纳
	100万元至200万元的部分	按照0.9%交纳
	200万元至500万元的部分	按照0.8%交纳
	500万元至1000万元的部分	按照0.7%交纳
	1000万元至2000万元的部分	按照0.6%交纳
	超过2000万元的部分	按照0.5%交纳

96. 著作权侵权案件的赔偿标准如何规定?

根据《著作权法》以及《最高人民法院关于审理著作权民事纠纷案件适用法律若干问题的解释》的规定,侵犯著作权或者与著作权有关的权利的,侵权人应当按照权利人的实际损失给予赔偿;实际损失难以计算的,可以按照侵权人的违法所得给予赔偿。赔偿数额还应当包括权利人为制止侵权行为所支付的合理开支。权利人的实际损失或者侵权人的违法所得不能确定的,由人民法院根据侵权行为的情节,判决给予 50 万元以下的赔偿。人民法院在确定赔偿数额时,应当考虑作品类型、合理使用费、侵权行为性质、后果等情节综合确定。

权利人的合理开支包括权利人或者委托代理人对侵权行为进行调查、取证的合理费用。人民法院根据当事人的诉讼请求和具体案情,可以将符合国家有关部门规定的律师费用计算在赔偿范围内。

目前正在征集修订意见的《著作权法》拟提高法定赔偿数额的最高限额。

【案例】 甲公司是国内原创文学门户A网站的运营商，拥有作家王某某小说作品的4年全球信息网络传播权。B网站的运营商乙公司，在其经营的网站上非法传播上述作品。法院认为原告案涉小说作品总字数超过500万字，在A网站的搜索排行榜上位列第一，点击数超过两亿次，该作品具有较高的经济价值。被告侵权方式多样，侵权持续时间较长，侵权主观恶意明显。由于本案中，已经有证据证明被告的获利超过《著作权法》规定的法定赔偿数额的上限50万元，法院综合全案的证据情况，在法定赔偿最高限额之上酌情合理确定赔偿数额为300万元。

97. 著作权侵权案件的刑事救济途径有哪些？

《著作权法》第四十八条规定存在其条款列举之侵权行为，同时构成犯罪的，依法追究刑事责任。因此，对于侵犯著作权的行为可以通过刑事救济途径维权。

　　我国《刑法》第二百一十七条规定："以营利为目的，有下列侵犯著作权情形之一，违法所得数额较大或者有其他严重情节的，处三年以下有期徒刑或者拘役，并处或者单处罚金；违法所得数额巨大或者有其他特别严重情节的，处三年以上七年以下有期徒刑，并处罚金：（一）未经著作权人许可，复制发行其文字作品、音乐、电影、电视、录像作品、计算机软件及其他作品的；（二）出版他人享有专有出版权的图书的；（三）未经录音录像制作者许可，复制发行其制作的录音录像的；（四）制作、出售假冒他人署名的美术作品的。"《刑法》第二百一十八条规定："以营利为目的，销售明知是本法第二百一十七条规定的侵权复制品，违法所得数额巨大的，处三年以下有期徒刑或者拘役，并处或者单处罚金。"

98. 侵犯著作权案的刑事立案标准如何规定？

《最高人民检察院、公安部关于公安机关管辖的刑事案件立案追诉标准的规定（一）》（公通字〔2008〕36 号）第二十六条规定："【侵犯著作权案（刑法第二百一十七条）】以营利为目的，未经著作权人许可，复制发行其文字作品、音乐、电影、电视、录像作品、计算机软件及其他作品，或者出版他人享有专有出版权的图书，或者未经录音录像制作者许可，复制发行其制作的录音录像，或者制作、出售假冒他人署名的美术作品，涉嫌下列情形之一的，应予立案追诉：（一）违法所得数额三万元以上的；（二）非法经营数额五万元以上的；（三）未经著作权人许可，复制发行其文字作品、音乐、电影、电视、录像作品、计算机软件及其他作品，复制品数量合计五百张（份）以上的；（四）未经录音录像制作者许可，复制发行其制作的录音录像制品，复制品数量合计五百张（份）以上的；（五）其他情节严重的情形。"

99. 对《最高人民检察院、公安部关于公安机关管辖的刑事案件立案追诉标准的规定（一）》（公通字〔2008〕36号）第二十七条中的"非法经营数额"如何理解？

"非法经营数额"，是指行为人在实施侵犯知识产权行为过程中，制造、储存、运输、销售侵权产品的价值。已销售的侵权产品的价值，按照实际销售的价格计算。制造、储存、运输和未销售的侵权产品的价值，按照标价或者已经查清的侵权产品的实际销售平均价格计算。侵权产品没有标价或者无法查清其实际销售价格的，按照被侵权产品的市场中间价格计算。

100. 对于销售侵权复制品的侵权行为，其刑事立案标准如何规定？

《最高人民检察院、公安部关于公安机关管辖的刑事案件立案追诉标准的规定（一）》（公通字〔2008〕36号）第二十七条规定："【销售侵权复制品案（刑法第二百一十八条）】以营利为目的，销售明知是刑法第二百一十七条规定的侵权复制品，涉嫌下列情形之一的，应予立案追诉：（一）违法所得数额十万元以上的；（二）违法所得数额虽未达到上述数额标准，但尚未销售的侵权复制品货值金额达到三十万元以上的。"

图书在版编目（CIP）数据

网络文学著作权保护百问百答／浙江省作家协会，
浙江六和律师事务所编著.—杭州：浙江文艺出版社，
2020.5
　ISBN 978-7-5339-6030-8

Ⅰ.①网… Ⅱ.①浙… ②浙… Ⅲ.①网络文学–著
作权法–中国–问题解答 Ⅳ.①D923.415

中国版本图书馆 CIP 数据核字（2020）第 029931 号

责任编辑：周海鸣
装帧设计：吕翡翠

网络文学著作权保护百问百答
浙江省作家协会、浙江六和律师事务所　编著

出版发行：浙江文艺出版社
地　　址：杭州市体育场路 347 号
网　　址：www.zjwycbs.cn
经　　销：浙江省新华书店集团有限公司
印　　刷：杭州杭新印务有限公司
开　　本：889 毫米×1194 毫米　1/48
字　　数：41 千字
印　　张：2.25
版　　次：2020 年 5 月第 1 版
印　　次：2020 年 5 月第 1 次印刷
书　　号：ISBN 978-7-5339-6030-8
定　　价：12.00 元